Santander · Bayonne
Bilbo / Bilbao · Donostia / San Sebastián · Saint-Jean-Pied-de-Port
Vitoria / Gasteiz · Roncesvalles
Pamplona
Carrión de los Condes · Puente la Reina · Jaca
Burgos · Logroño
Santo Domingo de la Calzada
Valladolid · Zaragoza
Segovia

만인別선 03

초록 묵상길

방종헌 시집

초록 묵상길

만인사

시인의 말

 세 번째 시집을 낸다. 산티아고 순례길에서 만난 시다.
 세 번이나 다녀왔다. 첫 번째는 2019년 리스보아에서 출발한 포르투칼 길. 2023년, 2024년. 생장에서부터 걸었던 프랑스길. 세 번의 순례길이 세 번째 시집으로 태어났다.
 내게 필요한 의미는 지금 여기 걷고 있는 길이다. 곧잘 멈추어야 하고 살펴야 하는 길이다. 그 길을 찾는 과정은 어디서나 이어질 것이다. 삶이 담담하고 고요하다면 그 또한 삶의 긍·부정의 겹사귐이 아닐까 한다. 틀지어진 생각에서 벗어나 자유로운 영혼이기를 바라는 마음으로 걷고 싶다.
 산티아고 길은 봄 한 철을 모두 내걸고 걷고 또 걸었지만, 삶의 길은 알 수 없다. 얼마나 걸어야 거센 마음이 가라앉고 담담하고 뭉근하게 무른 무맛으로 마주 앉을까를 생각한다. 아직 열지 못한 정신의 한 폭, 다시 걸어야겠나. 새로운 길, 끝나지 않는다.

| **차례** |

시인의 말_9

1 숲, 초록 파도 너머

서시_15 봄이 오면_16 가리비_17 봄을 엮는 당신에게_18
온전한 봄날 같이 걷는 그대에게_19 숲, 초록 파도_20 기립성 현훈_21
페드론 지나며_22 보이지 않는 길_23 사랑한다는 말에는_24 생일_25
배낭들_26 기도_27

2 바람의 언덕길

순례길_31 바람의 언덕길_32 나헤라_33 포도밭_34 유채꽃_36
용서의 언덕_37 바닥_38 오카 숲길 너머_39 아리랑_40
카스트로헤리스_42 Fromista에서_43 까리온 가는 언덕_44
프로미스타 수로 지나며_45 저문 들녘에서_46 압축_47
폐허에 대한 사색·1_48 폐허에 대한 사색·2_49 철십자가_50
길, La Laguna_51 빗길_54 알베르게_55 수욕정이나 풍부지하고_56
후회_58 빨래_59 구글 속 파란 점_60 그립다는 말에는_61

초록 묵상길 Green Meditation Road

3 몽중몽외

앞서 가는 그림자_65 앞서 간 얼굴 하나_66 몽중몽외의 길_67
밀밭, 일렁이는 문장_68 초록 묵상의 길_69 걷는 생각_72 양귀비꽃_73
빗속으로_76 물집 개화·1_77 물집 개화·2_78 물집 개화·3_79

4 피레네 시편

피레네 시편_83

5 순례의 끝

골목_101 대성당 광장·1_102 대성당 광장·2_103 버즘나무_104
꿈_105 순례 단장·1_106 순례 단장·2_107 순례 단장·3_108
순례 단장·4_110 빗물, 눈물_111 등산화_112 파도 같은 길_113
설연 한 그루_114 동백_115 땅끝에서_116 안녕, 안녕, 안녕_118
빛살 하나여_119

| 산문 | 순례자의 꿈_120

1

숲, 초록 파도 너머

서시

일 천의 파도에 쌓인 바랜 눈물 한 점

파란과 파랑의
당겨진 활줄 위

생사 경계가 바위 사이 솟구쳤다

붉은머리오목눈이가
눈물에 놀라
툭
떨어지다

땅끝,

불쑥 내민 차가운
시의 심장

봄이 오면

밀밭 사이 걷고 있을 것이다

내 발소리 풀섶에 지우며
개구리 울음소리와 함께 흘러
입에 익기도 전에
지나가는 작은 마을

푸엔테 라 레이나
산토 도밍고 데 칼사다
메세타 기슭 마을 카스트로헤리츠

얼버무려도 좋을 이름 하나
듣자마자 잊어도 좋을 이름 하나

가리비 사이, 운명도
메아리도 닿지 않게 내려놓고
내 마음 스며들 구름길 지나 가리

가리비

밝은 눈은 아니지만
가리비는 눈이 많아
해가 지는 서쪽, 그 어디 땅끝까지
당신 뜻대로 이끄는 길, 제 몸에 새겼다

주름 간 껍질 위 수난의 길 모여
무량의 헌신, 줄무늬에 담아 두고
딸깍거리는 부끄러움도 잠시
오래 소리로 흘러가면
생각 하나 여물까

야고보 무덤 있는 서쪽
해를 등에 지고
무념의 산등 지나
주름 사이 여백에다 바람도 품어줄
눈과 촉수들 헤아리는 길

봄을 엮는 당신에게

양귀비가 밀밭 사이로 스며들었다
밀밭이 다급하게 방벽을 세워 바람으로 밀었다

희생은 어쩔 수 없다
양귀비가 점점이
터져버린 심장으로 들썩거리고

할머니 짓던 수의 한 벌에
마구 수놓아진 눈물
베틀 날줄 사이로
풀 먹인 씨줄
베인 손가락에 번지는 핏빛마냥

메세타 고원은
죽음에도 놓을 수 없는 사랑 하나

초록과 빨강의
배틀
양귀비 눈물자국, 점점이 흩어진다

온전한 봄날 같이 걷는 그대에게

내가 꺼내본 생각이
때론 내게도 낯설기만 했다

햇살 하나에도 유채꽃 매달고 들썩거린 밭둑처럼 생소했다

후회는 말아야지
애초에 다들 서로 다를 뿐

나눌 생각도 말도 잊고
걷다 보니
혼자

화해는
생각의 주름 깊이
어긋난 지층처럼 멀리

여러 겹으로 일그러진 채 살고 있구나

숲, 초록 파도

 내 몸이 나를 기억할 때까지 밀물로 들어오는 파도 끝, 몰래 속삭이는 몽돌들의 유혹까지 모래들이 다 받아들 때까지 노을의 울음으로 오고가는 사람들 갈매기 소리를 내고 있다 물 밀어 오는 노을을 삼키며 어둠으로 넘어가는 진도 세방 마을, 다 챙길 수 없는 눈물이 저리 반짝이는 물살로 갈라지는 아픔으로 뒤척거리는 바다 확신과 의심 사이 그대의 눈길이 떠돈다 까마귀 깃털이 품은 어둠처럼, 나는 완벽한 어둠으로 돌아갈 수 없지만 때론 감은 눈 위 수없이 명멸하는 올리브 나무의 은빛 일렁임, 잠시 일렁이는 불빛 속 유혹의 몸짓, 아롱진 너의 생각이 달려왔다간 흩어진다 슬픔이 잠시 맹목으로 흘러가, 불길을 놓는다 오래된 목조 난간이 삐걱이며 눈물의 수조를 연다

 비로소 소리를 얻는 내 몸, 파도가 인다
 그 많은 길 어디로 갔을까
 미사를 위해 촛대에 불을 놓는다

기립성 현훈

일렁이는 유채꽃
밀밭 사이로 몰려 갔다

장다리 채를 뽑아 먹던 허기의 기억
사잇길로 번져오는 기립성 현훈眩暈,

무지개를 보았다

망막 너머로 맺히는 노랑
오로라 밭 속
나비처럼 걷고 있다

별이 쏟아지듯
일렁이는 언덕이 내려앉는
밀밭 사이 내 영혼 숨어 들었다

페드론 지나며

풀어놓아야 할 바람이 많아
쉬 건너가지는 못할 것을 안다

내가 구할 용서는 많고
내가 베풀 용서는 드물어
하늘에 매달린 능선까지
노랑 유채가 되어 걷는 길

구름으로
사이
밀밭으로
나는 흐르고 있다

구비가 많아 발이 아픈
산등을 오르면 일렁이는 슬픔처럼

나바라 대평원 앞
녹슨 내 마음까지 용서하자는
밀밭 하나

보이지 않는 길

　카스트로헤리츠를 지나 산등으로 몇 번이나 폐허의 허전한 묵정밭을 지나, 고원에 이르니 사방이 환해진다 창 없이도 창 이루고 경계 없이 경계 이루는 고원이다 초록으로 물든 들녘 사이 물길을 열어놓은 듯 한 줄기 길이 흘러가고 있다

　나무 한 그루 그늘 한 자락 찾기 어렵네 숨어 살고 싶어 하는 시인이여 너른 들판도 숨을 만하고 창 없이도 창을 열어둔 하늘도 구름 몇 담담히 흘려보낼 땅도 숨을 만하네 세상 천지 창 아닌 데 없으니, 팔 벌리고 선 전신주로 서서, 길섶으로 흘러가네

　마을도 성당도 종탑도 보이지 않는 길,
　보이지 않는다고 없지는 않으니

　유채꽃
　흘러가는 바람처럼

사랑한다는 말에는

구비 도는 길이 막혔던 듯 터지고, 터진 듯 막히며 산등에서 골짜기로 흘러간다 오르내리는 사이, 천천히 나누는 대화들이 일상에서 마음으로 흘러간다 자그마한 일이 지금에서야 후회로 돌아오는 골목, 마음이 덜컥 발을 건다

마음 속 무쇠 성을 쌓고 속 깊은 그리움을 결박하여 금거북 자물쇠로 채워두고 열쇠는 강물에 던져 어느 물고기의 뱃속으로 들어갔다가 다시 다른 뱃속으로 옮겨다니다 무한 천공, 별 하나로 사라졌으면 했다

오래 녹슨 마음 속 서랍이 메세타 너른 들 앞에서 덜컹거리다 절로 열려버렸다 어쩌나 찬 바람 속에서도 초록초록한 슬픔들이 눈물로 날 아드는 백양숲 사이로 흐르는 프로미스타 수로 저 둑 가득가득 봄 몸살이네

생일
―차고 바람 많은 날

 오동나무 꽃 필 때입니다 향기는 드물지라도 숨은 사랑을 만나는 즐거움, 핏빛 짙은 오월을 견디는 힘이었습니다 올해는 멀리 떠나와 오동나무 한 그루 보지 못합니다 마음에 그리는 꽃이 더 짙은 보라로 빛나기도 하지만 어디 마주 바라는 그늘의 보라만큼이야 할까요 오동나무 꽃을 멀리서 보내온 카톡으로, 자신도 잊고 있던 생일이 오늘이라 하지만 아직 아침도 먹지 못한 채 걷는 중입니다 어디 가까운 카페에서 맥주라도 나누며 핏빛 짙은 오월을 견디는 힘이라도 얻자며 유칼립튜스의 높이와 향을 오동이라 여기며 빨리 걷고 있습니다 보고 싶다고 말해도 부끄럽지 않은 카톡 속에서 오동꽃이 피고 있습니다

배낭들

알베르게 앞
땡볕 아래
줄 서서 기다리는 배낭들

주인들은
멀찍이 그늘 아래
발가락으로 바람을 가늠하며

제 걸어온 길을
이리저리 접었다간 펼치며

선하품으로
수선스러움으로
지고 온 하루를 내려놓는다

우리가 서쪽으로 온 뜻은

기도

지름길이 없는 길 멀어서 허전하다

노을처럼 투명해야 하리

유채밭 가르는 소나기, 쏟아지는 화살기도

끝자락, 내 몸 매달려 휘날리다

그리운 이름들 부르면

한번도 그들 위해 올리지 못한 기도

후회로 질척거리는 허전하고 먼 길

눈 먼 노을에 걸려 있다

2

바람의 언덕길

순례길

광장에 닿으려
언덕 위 발돋움으로 선 여인

몸을 비워 하늘로 채워두었다

하늘 바다로 떠가는 목련 같은

마음은
어디 두었을까

아니, 내 마음은 어디로 달아났지
저리 비워두는 일이 아직은 두려운가

더듬더듬
비탈길 내려가네

바람의 언덕길

길섶 돌무더기 위에
자줏빛 묵주가 얹혀 있다

누군가 이 길 위에서
제 마지막 들숨을 모았는가

그 들숨 속에 굽이 도는 길
문득 문득 제 모습으로 돌아와 앉았던가

제 몸을 담았던 신발
가죽콧등도 바닥이 벌어져 있다

떠나지 않는 몸이 있을까
떠날 수 없던 마음이 있을까

신발코에 내려앉은 구름
창질경이꽃이 바람으로 일고 있다

나헤라

   산허리 절개된 자리가 병꽃처럼 붉다 가로다지 문틀이 터진 자리 바람이 움튼 것처럼 몇 개의 층계가 허물어지다 만 역사의 한 편으로 펼쳐졌다 떠도는 망각의 포연이 앉았다 떠난 자리 붉은 사암들이 바람을 제 몸에 새기는 동안 수도승은 토굴을 파고 은총의 신내림을 빌었으리 단애와 토굴이 파편처럼 흩어진 나헤라 뒷산. 절개된 허파꽈리의 단면에 바람이 빠져나간 자리 병꽃이 진 뒤 시든 채 얹힌 별이 무너졌다 이웃으로 드나든 길은 끊어지고 빈 어둠의 곰팡이가 스물거리는 산등에서 빌바오의 게르니카까지 두 시간 남짓 전란의 시대를 지난 뒤 구멍 난 믿음의 자취들만 듬성듬성 내려다 보고 있는 나헤라Najera. 몸에 걸친 무엇이든 조금이라도 내려놓고 싶은 마음과 다시 찾게 될 것이라는 예감 사이 한 줄기 강물이 놓였다

포도밭

1
　근육질의 사내들이 제 몸뚱어리 땅 속에 깊숙이 숨겨두고 굵어진 팔뚝으로 이리저리 허공을 휘어잡고 있다 검게 그을린 저 강인한 피부, 비틀린 근육이 툭 불거져, 제 열정을 무엇으로 채우려나 비형랑과 그의 졸개 도깨비들 열 지어 서서 돌다리 짓듯 몸을 엮어 구릉 하나를 쿵쾅거리며 넘고 있다

　허공은 공허한 틈,

　틈을 메우려 모아쥔 손가락 뚫고 나올 초록 햇살송이

2
　몇 번 환생을 했지?

　이승의 생이 다시 시작되자
　포도밭으로 달려온

　내 눈길 속 탐욕을
　내려놓으라 부르짖는

　그러나 외면할 수 없는
　환희의 몸짓들,

저 굽은 등 뒤 산맥같은 근육이여
금강역사들이여

초록 햇살 덩굴 굴리는 바람으로 오라

3
갓 갈아놓은 흙내를 맡고 달려올 봄바람, 가슴 열어 하나 되는 숨결, 차오르는 열락 일천의 바다에 달을 새겨 넣듯이 저 산등을 일구는 사내의 등에다 기쁨의 땀 얼룩을, 손톱자국을 붉게 새겨넣자

오크통을 지워놓고 사계절의 신화를 담기 위해 포도를 따고 밟고 걸러내고 천근만근의 무게를 가볍게 춤추는 가이아의 후예들이여. 햇살에 함께 취해 제 몸빛을 익혀줄 햇살 한 줄기씩 둘러메고 몇 번의 생이든 돌아보자

별의 저편까지
기다림은 즐거운 고동이시

유채꽃

1
무엇을 찾는가

멀리 두고 온 손수건 같이
잃어버린 말 몇을 더듬으면

체한 듯 가슴이 묵직해지는 봄볕과
남의 나라 들녘, 낯선 시선들이 멎은 언덕
나는 혼자란 생각에
길에 길을 덮으며 걸었구나

노랑
유채밭이
구릉 번져가며
피우는
슬픔

사랑한 것이 아니라
사랑한다는 말을 사랑한 것 같아
자꾸 돌아보는 유채밭,

노랑 노랑
휘도네

2
함께 걷던 이가 물었다

가장 아름다웠던 때가 언제였냐
왜 과거형으로 묻느냐
이미 청춘 시절은 아닌 걸 아니까

그러나
한 시간째 걷는

유채꽃밭을 두고
그 너머 초록의 구릉을 두고
그 너머 맑은 파랑으로 맺힌 하늘을 두고

청춘을 왜 묻지

아름다웠던 때가 아니라
지금, 여기,
바람의 언덕을 오르는 들길을 두고

바닥

저승길도 그림자 닿는 바닥이 있을까
투명 유리 위를 걷듯 내 슬픔이 비칠까

문득 돌아보니 언덕 위
그냥 길바닥만 보며 구름 건너왔구나

나는 미혹
무지의 발길 후회하느니
지금 나는 저승 어딘가 혼자 걷고 있다

문득 별이 지나가는 길은
어디론가 지워지고
구름이 날려가 기슭으로 오르는
돌더미 화살표에서
아무 말도 이어지지 않는
바스라진 시어 몇, 길섶에 흩어져 있다

산토 도밍고 데 라 칼사다 앞
내가 나를 바라보는 봄날

오카 숲길 너머

　어쩌다 한번쯤 혼자 길을 벗어나 풀섶에 주저앉아 아님 솔밭 그늘에 스며들어 하루를 비워두고 종일 울고 싶은 날이 있지 않는가 그런 때 선선하게 울 수 있는 것, 용기가 아니라 자연스럽게 그 모든 수치도 드러낼 수 있는 사람이 된다는 것, 그것이 규범을 벗어나고도 죄스런 마음 없이 자유로운 여유, 나는 한 번도 지니지 못한 채 스스로 우울의 파도에 몸을 맡기고 살았구나 참 어리석은 우물 속에 미끄러지며 살았네 그래, 지금, 여기 오카Oca 산등으로 오르는 길, 통나무 의자 몇에다 춤가락 몇, 재즈 선율로 날리는 웃음 몇, 던지던 집시 노인, 숨 막힌 청춘을 송홧가루처럼 날려 보냈으니 숨 막힐 자유 누리네 온몸 재즈 가락으로 날려가네

아리랑
—Hornillos Albergue Municipal에서

1
낡은 성당 계단 앞에서
한숨 섞인 아리랑 가락이 흐른다

파란 눈의 사내, 프랑스에서 온
기타리스트, 아리랑 연주한다

따라 부르다
어깨동무하고 술잔을 나눈다

가까이 보니
세월에 지친 송곳니 빈다

어느 대목이 송곳니 가져 갔을까
약간 헐거운 가락으로 아리랑 고개 넘는다

내일이 없는 우리들이 내일을 말한다
만남이 없는 우리들이 만남을 말한다

아픈 디아스포라 몸부림치는 침대에
새벽꿈 뒤 잠들지 못하고
각자 길을 나선다

2
길 잘못 들어 산등을 오르다
되짚어 내려오는 길,
안개 속에서 조용히 얼굴 내민다

아리랑 고개처럼
곡절 많은 산등이 풀어놓은 안개꽃 룽따

아리아리
랑

때론 잘못 든 길
더 아름다울 때도 있다

십 리도 못가 눈물겨울 때도 있다

카스트로헤리스

　산 안톤 수도원 무너진 벽에 기대선 적갈색 예수상 곁으로 남루한 빗살 두엇 흐르다 멎은 새벽, 무너진 성벽 틈새 지나간다 젖었다 마르는 이끼처럼 신념은 나날이 비어가고 썩어간다 벽돌을 덧쌓아 두고 마음 닫아걸고 싶은 수도원 정원, 좌판에 얹어둔 초록 사과에도 무너진 옹벽의 적막에도 위로의 손길이 필요한 듯 수도원지기가 수시로 문 열어 폐허의 안녘 초라한 순례꾼에게 위로할 무엇이 남았으랴 동전 두엇으로 찬 새벽 한기를 달래려 사과를 베어물 뿐 같은 길이라도 어느 땐 질척거리다 어느 땐 상냥하구나

　가슴 떨리는 뜨거운 말도
　저 폐허의 수도원 무너진 문장紋章,
　비어버린 의미망 앞에서
　외로이 검붉은 녹 두른 예수는
　난독증으로 몸 뒤챌 듯
　어디로 흘러갈까
　빗살이 따갑다

Fromista에서

길을 잃고
골목을 이리저리 훑다가
마을 주민과 눈 마주친다

이층에서 창 열고
손가락으로 골목길 가리키며

this way

서로 이 정도는 통하는 사이

gracias

믿고 의지하는 표정은
어느 세상에나 하나였구나

까리온 가는 언덕

보리밭 곁 이정표 팻말에
은빛 푸른 비닐봉지 하나 내걸렸다

새파란 사과 한 알
열량 높은 초콜릿 과자 한 봉
오렌지 하나, 전갱이 절인 캔 하나

이 성찬 앞
화살기도가 지나가고
허기는 허기를 부르는 것
까르보나라
파스타가
한 점으로 소실되는 들길처럼
절로 빨라지는 걸음 속에 나락들락

처음에는 향긋한 봄풀 따라 갔다가
다시 하늘하늘 떨어지는 꽃잎을 좇아 돌아왔지*

우리는
먹는 인간,
언제쯤, 저 봄풀 따라 갈까

* 『벽암록』, 제36칙 장사축낙화회長沙逐落花回에서

프로미스타 수로 지나며

한 시간 남짓
이어진 포플라 숲길 옆
빗살에 반짝이는 수로

수면을 터뜨리는 빗방울처럼
증인 선서도 없이
위증도 없이

무거운 걸음 속
숨겨두었던 아픈 심장 하나
속죄 의식 속 진양조로 풀어 넘긴다

내 몸에 옮겨온 심장 하나
수로 옆 포플라처럼 잘게 떨고 있다

산티아고에 닿으면
몇 개의 심장이 펄떠일 것 같디

저문 들녘에서

그 어떤 모호성도
미칠 수 없는 저 공허 앞에서
노란 잎 드리워 제 나날의 회한을 흔드는
포플러나무 앞에서
당신은 또 어떤 그림자 끌고
저문 들녘 혼자 떠돌고 있습니까

가을에 물드는 메세타

그 광막한 고독의 산책길, 해가 진다

상투스*

* 전례미사의 예배곡「거룩하시도다」

압축

  아스트로가를 지나자 멀리 구름이 몰려들고 드문드문 우의를 걸치느라 길을 멈춘 순례자들이 보인다 우의를 갈아입고 한바탕 비 맞으며 걷다 파란 하늘이 보이고 그 틈새 무지개가 뜬다 이제 비는 더 없으려나 드넓은 고원에 비해 갑갑해 오는 우의를 벗고 절벅거리는 신발 끌고 가는데 다시 구름이 몰려오고 해바라기밭으로 바람이 서늘해진다 비가 산기슭을 흐려 놓는다 오늘 오락가락하는 빗속을 걷겠구나 아예 맑아지란 기대를 내려놓고 우의 입고 걷는다 순례객들의 우의가 펄럭이는 깃발처럼 여기저기 압축된 일생이 펼쳐진다

폐허에 대한 사색·1

무너져 닫힌 문 앞에서
서로 다른 생각보다 외면이 더 무서운 것을 안다

햇살이 슬며시 기울어지는 듯 다시 환하게 담 너머 벽채를 밝히는데 닫힌 문 앞에는 오래된 그늘이 짙다 오래된 어제로부터 전언을 받아 들고 스스로를 미이라처럼 앙상한 기둥으로 서서 단단한 생각으로 여물어서는 안 된다고 외면하지 말자고 되는대로 썩어야지 흰 이끼들로 몸을 감싸고 더는 비틀릴 데 없도록 비틀어 바람길에 수없이 흘러간 사랑을 드러냈다

섬돌에 발끝이 닿을 듯 말 듯 닳아버린 기둥의 밑바닥이 오래 걸어 헐어진 발을 닮았다 은초록의 마른 이끼에 둘러싸인 채 들보에 얹혀 어둠으로 돌아가는 나무십자가 고상

붉은 돌담으로 자신을 가리다 말고
달라진 생각은 돌아오지 않을 구름보다 멀리 섰다

폐허에 대한 사색 · 2

언제 무너졌을까

방에도 공허 가득하다

시간은 늘 함께 늙어가길 바라지

저만치

눈먼 시간이 앞서 간다

주저앉지 못해
높아지는 풀밭, 빗살이 풍기고

마음 안 바다, 바람이 차다

철십자가

철의 십자가를 신새벽에 지난다
비바람이 안개와 함께
눈을 가리고, 십자가를 가리고 있다

돌을 던져야 한단다
액막이 돌을 던져야 한단다

온기가 스며든 돌
사랑이 스며든 돌
가족의 슬픔이 스며든 돌

돌을 던지자
생각도 던지자
나만의 돌은 어디에도 없다

되도록이면 가볍게
높이 쌓인 성황당,
돌더미 어둠 위로 지향없이 던지자

길, La Laguna

1
길은 흘러가는 물과 같아서 숲속으로 스며들었다가
제 몸 견딜 수 없이 차가워 양지 바른 길섶으로 몰려나와
햇살에 취해 누운 뱀들처럼

반짝이는 무늬, 아롱아롱 단청처럼 펼쳐진다

2
기억이 흩어진 자리, 비가 쏟아졌다
풀잎 차갑게 어는 듯 손끝이 시려왔다

산등은
구름과 함께 흘러가고

엉겅퀴
옅은 보랏빛

빈 자리
메워가는 빗소리
어디 쉴 자리 없는가

품을 찾아가는 빗길, 멀기도 하다

3
길은 오래 잠들었다
서쪽으로 귀를 열어둔 채 잠들었다

사는 일이 외진 섬 사이 노둣길에 있었지 길 끝에는 바다를 향해 앉은 의자가 혼자 비를 맞고 있었지 숲을 지나간 바람들이 잠시 멈칫거리며 의자 앞에 기척을 내면 바닷물이 천천히 고요를 채우듯 다가왔지 어둠으로 난 길 끝에 너는 혼신으로 물을 저어오는 노을 바다 그 아래 노둣길이 있었지 오래 빈 의자로 저녁이 오고 간 뒤

너의 영혼처럼
굽이 안으로 닳은
신발 하나쯤 남겼어야지

길은 서쪽으로
바람귀 열어둔 채 떠돌고 있다

4
시를 쓰는 일이 어리석어 보일 때
내 일생이 갑자기 어리석어 보일 때

주제 넘은 일이 아닐까 회의하다
주제 넘은 일이 아닌 게 무언가 하다

길 위에 서면 아침 볕살에 제 그림자를 곧게 세운 작은 돌맹이 하나에도 부끄러워진다 제 일생을 태양에 던지고 새카맣게 타버린 해바라기에게 주제넘는 일이란 없다 종일 비를 맞아도 환하게 부엔 카미노를 외치는 청년에게 시의 헌신도 의미 있다

 다시 길 위에 서면
 나를 다독이는 나를 만난다

빗길

한낮의 어둠 같고
빛을 품은 구름 같고
한 점 베어진 풀싹 같고
빗살에 풀려가는 소똥 같고
신발 속 절벅거리는 빗물 같고
양말에서 빠져나온 내 노폐물 같고
썩은 양심과 거슬린 역사와 나를 버리고
고독으로 스며드는 폐허의 성과
통증으로 굳어가는 허벅지와
창질경이 휘청거림으로
떨어지는 빗방울
두엇,

빗길
사리아
질척거리는 슬픔 하나
땀으로 밀고 가는 어릿광대
민달팽이의 길

알베르게

익숙한 얼굴이
늘어났다가 줄어들기까지
함께 씻고, 빨래하고, 먹고,
마시고, 졸고, 떠들다가
한 이레면
새 얼굴이 옆 침대에서 코 곤다

새 얼굴과 함께
씻고, 빨래하고, 먹고 마시고
졸고 떠들다가
또 한 이레면
성당 물받이 홈통에
입 벌린 사탄의 형상도
함께 먹고 마시고 졸고 떠든다

수욕정이나 풍부지하고

길은 한결같이 먼 앞을 보여주고

걷는 길이
가장 지름길이라고
그늘 하나 드리우지 않은 채
우리를 걷게 한다

뜨엄뜨엄
띄어쓰기하듯
걸음을 하나씩
문장을 이어가듯
천천히 생각을 멈출
마침표가 보이지 않는 만연체의 길

길섶으로 내린 하늘 지나
언덕을 넘어가는 포도밭 지나
메세타, 볕바른 고원을 지나
다들 그렇게

나무는 고요하고자 하나 바람이 멎지 않고
자식은 모시고자 하나 어버이는 먼저 가시네*
읊조리며 건너가는 오늘

또다른 삶의 한 구비
발이 아픈 지름길인 양 문장으로 엮인다

* 어버이날에 Palas de Rei를 지나며 어버이를 그리워하다.

후회

남은 길 20km
양념 삼아 남겨둔 거리다

무너진 성벽 틈새,
젖었다 마르는 이끼처럼

마음은 나날이 비어가고 무디어 간다

벽돌을 덧씌워
마음 닫고 울고 싶다

마음 놓고 큰소리로 하지 못한 말,
굽은 능선 하나 물고 가며 소리 높이는 후회

사랑하네. 이 사람아

빨래

제비꽃 곁에서
신발을 말린다

신발 안에
햇살이 드나드는
마음자리
하나
자그만해도
넉넉히 마련하자

봄이 오도록
구릉을 데우는 바람 한 점,

잠시 포도나무
묵은 가지를 씻고 있다

구글 속 파란 점

골목 노랑 화살표도
길도 조금씩 닳아간다

길섶 웃자란 풀잎마저
서로 닮아 남루해진 자락 날린다

무릎 뒤 바짓자락은 구겨지고
길 먼지에 젖은 발목이 드러났다

뭐 어때,
어차피 한 점으로
귀납될 길이고
운명이고 인연인 것을

당당하리
소실점 하나
모두 마침내 점으로 귀화하리

길은 어디에도 있지만
여기는 오롯한 하나로 산다

그립다는 말에는

그립다는 말이
누군가의 입술에서 소리를 얻자

후텁지근한 열기를 만나
비상하는 드라이아이스의 입김처럼

순식간에 하얀 눈물의 포말들
전신이 얼어붙는 팽팽하고 황홀한 긴장

태풍에 밀리는 파도에도 그립다는 말이 숨어 있었지

3

몽중몽외

앞서 가는 그림자

나를 건너가는 빗살은 선한 순례자다

세상 밖으로 나가야 비로소 보이는 세상

나는 공명共鳴 잃었고 저물 뿐이다

나를 비워 바람이나 빗살로 채우려 했지만

뒤틀린 인과 하나로

무화과 속처럼 가득한 핏빛 갈등 품은 채

앞서 가는 그림자 하나

흙바람 속에 발이 푹푹 빠진다

앞서 간 얼굴 하나

언덕을 오르다 말고
녹슨 철제 십자가 하나 본다

둘레를 선 잔돌이
빛살에 반짝, 머물렀던 손길 내민다

낯선 얼굴이
돌 틈에 비스듬히 누웠다

여기
안식을 얻은 그 사람,
후회가 없으니, 사진도 투명해지네

개울을 건너다
또 만난다
비 갠 길
물웅덩이에 비친 얼굴 하나

우리는 조금씩
살아있는 자리에서
살아있던 자리로 옮겨가고 있다

몽중몽외夢中夢外의 길

　너무 많은 시간들이 내 몸에서 빠져나간다 누에가 실을 뽑듯이 부연 실처럼 빛처럼 빠져나가 내 몸은 문득 가볍게 떠오른다

　작은 바람에
　떠도는 플라타너스
　꽃가루처럼
　마른 등꽃처럼
　흘
　러
　간
　다

　나는 나를
　멀리서 보고 있다

밀밭, 일렁이는 문장

며칠 동안 산등 오르내리며
핏빛 어린 인연 하나 얻었다

길 위에 뿌린 우리의 말이
먼지 속으로 한 줌의 엉겅퀴로
길섶 흔드는 꽃이 되어 남았다

오십천 쏘다니며 매화무늬, 국화무늬, 문양석을 얻으려, 오뉴월 볕살 아래, 강바닥을 들여다 보며 돌을 들썩거리며 흙먼지 닦아내고 내려놓고 구부렸다 잠시 허리를 폈다간 다시 강바닥을 헤매면 흐르는 땀에 눈이 쓰리고 등에서 땀 하나가 가슴 안으로 길을 내고 마침내 허기진 뱃살에 얹힐 즈음에서야 드물게 메골 산수 닮은 오석 하나 들고 환하게 웃으며 물로 뛰어드는 그 시원함. 바지자락에 가득한 물이 빠져나가며 드러나는 허기진 몸에도 마주 웃는 시원함 찾아 발바닥에 핏빛이 어리도록 걸어야지 그 말들은 오래지 않아 시들고 문장마저 바스라져 떠돌지라도

고원에 펼쳐놓은
밀밭 일렁이는 문장 만난다

초록 묵상의 길

온몸으로 밀고 간다

등으로 쏟아지는 짐의 무게와
발바닥에서 올라오는 통증의 열기

길 위에만 얻는 세상
단순해지자고
다시 다짐을 배낭에 우겨넣는다

느슨한 하루를 위해 그늘 없는 길,

초록 묵상의 길 걷자

걷는 생각

한때 별 아니었던 돌 어디 있으랴

제 몸 품었던 빛들을
그대에게 다 쏟아부은 뒤

깊은 잠에 빠진 사내들이
부스스 타버린 재로 날리는 봄날,

길에 빠져든 생각 하나

은하에서 보면 지구도 하나의 별이듯

길 위를 걷는 이는
신의 사자,

제 별 이고지고
동백처럼 붉은 발 품고
신발굽이 뒤틀릴 때까지
모두 심장이 식도록 걸었으리라

멀리 바라면 모두 별이 되는 사람이여!

양귀비꽃

1
말랑거리는 심장 하나
길섶을 붉게 흔든다

제 곁 내주고
붉음을 더 붉게 하는
유채들의 노랑,

그 마음들이
비가 와도 젖지 않는다

길 위, 낯선 얼굴도
오래 익숙한 듯

몸으로 어깨를 내주고
하나로 흐느끼는

볕살로 펼쳐 놓아
비가 와도 젖지 않는다

2
잊지 못할 일이 어디 있으랴

잃어버린 마음 한 토막
저 메세타길 풀섶에서
마른 기침 쿨럭이며 흔들린다

어쩌라고
다들 이미 한 줌 흙이 된 사람들
어쩌라고
이미 메아리 하나 닿지 않는 세상

길은 한낮이 되도록
구비 틀지도 않고 곧은데
마음 한 토막 지고 가는
걸음만 자꾸 비틀거린다

잊지 못할 일이 어디 있으랴

3

　품었던 말이 어느 순간부터 길에 깔린 돌 위로 반짝인다 사랑한다, 내가 문득 사랑한 모두가 길에 펼쳐진 듯. 저 들녘으로 모여 플라타너스가 되고 유채꽃이 되고 양귀비가 되고 고사리가 되고 밀밭이 되고 순례자 모습으로 선 정크 조각이 되어 숨 쉬듯 함께 걷는 그대 생각으로 눈 돌리게 하는 하늘빛에서 붉은 흙길에 이르기까지 문득 사랑한 그대로 떠오르는 이 찬란의 순간. 충만한 사랑이여. 페이스톡에 전해지는 웃음이여 이 가득한 볕이여 사랑이여 다하지 못하고 품었던 말이 길 가득 차올랐네

빗속으로

길에서 만나
길에서 헤어진 사람

하나
두울
세엣

다시 만날까
밀밭 위 안개 주렴

신발에 물이 차오른다

주머니 속에 든 조약돌
사랑
믿음
소망
나는 무엇을 마음에 담았지

철십자가 지나며
나는 누구에게 마음을 남겼지

물집 개화·1

뜨겁게 달아올랐던
발바닥의 열기를 내리려
침낭 밖으로 발을 내놓고 잔다

다들 발바닥에다
하루동안 몰려왔던 생각들을
조금씩 조금씩
가라앉혀 기억의 지문으로
새기고 있는 중이라 끙끙 앓고 있다

성당에서도 열심히
종을 울려
무명無明 그늘 벗어나
무명無名 중생, 평온한 꿈도
함께 무늬로 새겨넣고 있다

물집 개화·2

발바닥으로 몰려왔던 피들이 노을로 서는 날

나는 어쩌면
한 점 구름으로
떠도는 구절
이루지 못한 문장
지워지지 않은 먼지로
누군가의 신발에 얹혀 다시 떠돌 수 있을까

나를 저 별 하나의 세상, 꽃잎처럼 떠나 보낸다

물집 개화 · 3

　옮겨가지 못한 햇살 한 자락이 바싹하니 구워진 굴비같다. 밟으면 발이 뜨겁게 달아 올랐다 며칠째 발바닥에 머물던 집착의 물집이 툭 터지면서 발바닥이 환해진다. 한꺼풀 벗겨보면 구름 속을 담담하게 가는 달집 같다고나 할까 달빛 받은 능소화 같다고나 할까 새삼 밝다 생각이 말을 버리니 오오, 자유롭게 풀려가는 말, 부어오른 발바닥으로 달려간다 얼레에서 풀려난 가오리연 같다 하얗게 일어나는 저 살꽃, 꽃, 희고도 붉은 꽃이 핀다

4

피레네 시편

피레네 시편

1
버리지 못한 집착이 바람에 새겨져 있다

나는 이미 너무 많은 시련을 겪은 사람처럼
어떤 시련 앞에서도 담담한 척, 거짓 표정을 만들어
이번에는 좀 일없이 지나갔으면 했다

2
메두사와 눈을 마주친 거인들을 만났다

천천히 굳어간 등뼈
시간이 갈아엎는 사이

잘게 바스라진 등
흘러간 시간 틈으로 꽃 피네

사랑이 죽고
사랑을 품었던 새가 죽고

마침내
내가 죽고

초록 산등으로

무성한 울음이 피네 눈물 피네

3
피 흘리며 밀밭을 건너가
물길인지 꽃길인지
조롱박 흔들며 풀빛에 취해 가네

墮河而死 當奈公何….

비틀린 눈가에 주름이 일고
민둥산, 언덕
먼 길 너머 산등 흰 눈 담겼네

4
바위에 걸터 앉으니
몸이 단 바위가 뜨겁게 몸을 맞대 온다

파도로 연주하는 도돌이 사랑,
그런 일은 식상해
마침내
나는 모든 것을 버린 뒤
가벼운 사랑의 의미, 자유롭기 위해

잔디밭 부드러운 볕살 아래
아작아작 염소처럼 바게트 뜯고 있다

집착도 방황도
무언가 새로운 것을 찾는 오늘,
차가운 내 심장,
바위에 뜨겁게 몸을 맞대면

더러둥셩 다리러디러 다리러디러 다로러거디러 다로러 긔잔데 긔티
덦거츠니 업다

5
 경주 낭산 도리천,
이르러도 닿지 못하는 높이,
도리천 아래

나는 절로 굽은 나무, 둘레를 돌 뿐
배꼽에 매단 찌든 티끌 무거워

봄비에 초록으로 물드는 저 찬란의 능성
내리막길에도 더듬거리네

6
자신이 진지하게 말하는 것처럼 생각하는 오류에서 벗어나지 못하는 자신의 생각이 진지하게 전해지리라 믿는 오류에서 벗어나지 못하는 자신의 위선도 숨기려 제 아집에서 벗어나지 못하는 철 늦어 쓴맛만 질기게 남은 고들빼기, 인생을 끌고 가는

초록 풀빛 열리는
피레네 언덕

목까지 숨이 차오르게
허벅지를 터뜨리며
열락이 열릴 때까지

걷자

7
너희는 주의 길을 닦고
그의 길을 고르게 하여라*

천년의 길을 두고
순례자들이 바친 화살 기도 모여

물로 세례를 베푸는 자, 요한이

몸을 낮출 때, 거기 엎드려

요한의 뜨거운 피가
투명하고도 붉은 비둘기를 보내도록

비극적이며 장엄한 부활의 빛

저 불빛의 고요 속 아침,

그 높이 맞추지 못해
서툴게 신발끈 하나
다시 매듭짓는다

8
수달래 피어있는
절골 허전한 주막

꽃이라도 맺어주랴
보랏빛 제비꽃,

꼬투리 틀고 앉은
저 희어리 봄꽃이라도 불러다 주랴

9
서천으로 흐르는 달빛 두엇으로
물드는 새벽길
나는 어디까지 걸어야
네가 울었던 자리, 별에 이를까

얼다 말고 말라붙은 눈이 산등 위 눈썹처럼 올라붙었다 건너가는 길은 능선 사잇길 부어있는 눈자위를 감추고 싶었다 한철 지난 적막을 녹여내고 있는 피레네처럼 무엇하러 이 깊이까지 무엇하러 이 높이까지 눈물을 매달고 온몸이 말라가고 있었을까

10
길이 열렸다
눈과 바람과 안개로 숨겨졌던
사월, 아픈 시간과 함께 생각들이 열렸다

못둑이 터지듯 쏟아지는 저 역사의 황톳물, 四月이다.

무너진 꽃잎들이 너무 많아
골목, 해일처럼 차오르는 저 꽃잎들 앞에서
기다리는 일, 살구빛 노을이 젖어오는 길로 나아가
돌아오지 않을 사람들, 하나씩 지워진 이름을
기다리는 일, 이미 우리는 익숙한 일이지.

진흙비 속을 걸어간 할아비의 지게 닮은 四月은 死月.

죽어간 사내들이 묻힌 언덕에서
하얗게 쏟아지는 뼛가루처럼, 햇살은 산산조각난 이슬로
흩어졌지. 너무 오래된 기다림은
유효기간이 지난, 재심청구도 할 수 없는
소명할 사람이 사라진 비극 속 소소리바람이지.

沙月, 四月, 死月, 思月, 모래 언덕 죽은 달이 돋아

사월은 붉은 꽃으로 점철된 안개 바다
너무 많은 슬픔의 빗줄기에 슬픔이 씻겨지고
너무 많은 죽음의 연기에 죽음이 지워진 사월,
그 길 앞에서 우리가 갈 수 있는 길은 어디 있을까

담아내지 못한 사랑은 제 몸을 상처내며
시 일은 제주 토산포구에 이는 바람의 파문
너무 많은 기억들로 가득한 파도 펼쳐놓고
모래밭에 앉아서, 파도와 하나가 되는, 주문을 외라지

四月은 죽고 思月은 생각하고 死月은 흐느끼고

사월은 죽음의 기억으로 나뭇잎 돋는다

11
초록이 묻어나는 바람과 함께 운다
말벌집처럼 안으로만 뭉친
버리지 못한 분노 이글거리고
태양의 흑점처럼 폭풍을 여는, 마침내 터지는 꽃,
쇳물처럼 녹아흐르는 선홍빛, 양귀비들 솟는다

달을 뜯어 붙여놓은 듯, 둥그렇게
배가 불러오는 피레네 언덕이여
달은 바람도 없는 불모지 모래 폭풍 속
폐허의 허전함이 차오르는 모래 언덕
죽은 이의 영혼들이 모여 달빛 아래
나는 죽지 않는 어둠 속을
동백처럼 붉은 발을 품고 걷는다

12
봄 생각 하나씩
오르막 쉴 때마다 내려놓고
벽채 헐 듯 마음 열어가며 오르는 길, 두껍다

이마에 눈을 얹은 산마루 너머
떡갈나무 한 그루로 서서
엽맥처럼 번져 있는 잔가지 사이로

내 몸을 헤집고 다닌 욕망들, 구름처럼 차갑게 앉았다

입김이 어는 속
힘겹게 산을 올랐는가

새벽마다 심장을 열어놓고
천천히 오르라고 햇살까지 보내는 산
붉어진 얼굴빛이 가라앉지 않는다

희생에서 회생에 이르는 길
엽맥 속으로 기억의 오르막 앞에 섰다

13
흔들린 적이 많아 뜻도 제대로 세우지 못한 채 달아나듯 멀리 떠나왔다 속죄의 기회는 있었지만 마지막 기회는 아니길 빌었고 떠나서도 빌었다 새벽 여섯 시가 되기도 전에 피레네를 넘는다고 배낭을 매고 나선다 내 속죄의 얼굴은 어둠 속에 숨고 그저 산을 넘으려는 욕망이 앞선다 굽이 많은 언덕들이 속죄의 기회를 주려 어둠을 길에다 뿌려두고, 얼굴을 감춰 주었지만 오리손, 업보처럼 아침놀 번져와 화해의 손길, 화살기도 내밀어도 답은 없다 속죄와 업보의 짐을 고백해야 한다 내가 져야 할 짐의 수고로움보다 내 몸 속 숨어 있는 잘못들 햇살에 바래도록 말리고 죄를 용서받지 말자 무겁게 짐을 내려놓지 말자

14
빗살 하나 멀리 떠나가네

잠시 구름 비껴가며 던져둔
저 후회가
물든 어둔 골목, 지워진 듯
희미한 순례길 화살표가 구비 돈다

성찰이 필요한 오후,
늦은 길을 가는
순례객 뒤로 파란 하늘 한자락
해바라기 마른 잎 사이 사이 번져간다

구름 하나에도
생각이 많아지는 오늘,

젖은 신발을 말리며
헤어진 사람, 잊자고
핏빛 사연에 얽힌 슬픔을 지운다

밤새 별이 빛났으면 좋겠다

15
피레네 넘는 길
이어지는 오르막, 오르막
당신에겐 다시
오질 않을 청춘의 낡은 정액들
바짓자락에 매달고 느리게
아름답지만 외로운 산등으로
천천히 눈썹처럼 눈을 이고 선
산등 사이 울섶 하나
능선을 천천히 안개로 그어가는
풀빛 선율, 흔들리며 오르는
느리고 외로운 걸음 뒤
안개비 스며드네
적멸을 채운 마음 한 자락에
빗물소리 메아리처럼 스며드네
소소리바람 한기 속으로 떨며
구비 돌며 살아야지
다시 잠시 돌아보다
신발에 들러붙는 피레네

청춘의 낡은 기억들 안개로 번지고 있다

16
너무 무심했나
기대하는 바, 다 내려놓고

물 아래 가던 새처럼, 길 아래로 내려서면
이어지지 않는 생각처럼, 길 아래로 내려서면

낯선 길이 이어지는 여기, 꿈 속인지 꿈 밖인지
몽유의 나비처럼, 노랗게 펼쳐놓은 깃발들,

내 사는 곳에서는 날선 말들이 날아다니는 전장 같다

버릴 것만 남은,
그러나 버릴 수 없는 노랑 들녘
낯선 길에도 익숙한 듯 늙은 골목이 있어
유채꽃 피었네

17
산등 빗방울 하나야 아기 손톱보다 자그맣지만 산등을 타고 내리며 기슭을 만들고 물길을 열어 초록 일렁이게 하네 더던 이른 봄맞이로 초록 나비 팔랑이게 하고 분홍 날개 흔들어 놓는다. 토함산에서 산마루 어깨 걸고 선 노을, 오늘 오리손에서 맞는 피레네의 아침놀. 사람과 더불어 산등을 물들이는 진경, 황홀이네

18
당신이 품었던 말들 다 풀어 놓으세요 더는 비울 데가 없을 때까지 남김없이 무겁게 왔다가 가볍게 돌아서다가 가볍게 왔다가 무겁게 돌아서기도 하는, 걸을 수 있는 그 축복, 두려워할 뿐 당신의 이름을 기억하는 뜰 하나씩 지우세요 가슴 깊이 혼자 갈아엎던 말이랑 피의 길로만 열리는 비밀 문장이랑 산등 위로 흩어진 바람도 읽어내지 못하는 산문이랑 빛 하나로 녹아나는

피레네, 생각을 덜어낸 언덕
폰세바돈, 생각을 덧댄 산등

마주친 모든 시간들이
오르내리는 계곡 아래
물소리 요란하게 일구는 하늘 있었네

19
해서을 거부히는 길은
구비 돌지 않는다

오롯한 직선으로 제 몸을 바루고 있었다
사소한 정감에 젖어들지 말자
어제로 고개를 돌리지도 말자

그늘은 생각을 만드는 원천
길섶에 고사리 그늘만 드리우자

비교하지 말자는 생각 하나마저
조금씩 줄어드는 것을 보니, 오래 걸었구나

오르막길에서 고사리 장마를 만나다니
비가 쉬지 않는다

20
말이 제 뜻의 얼개에서 풀려나자
조금씩 크게 숨소리를 낸다

고치에서 갓 깨어나
천천히 날개 펴는 나비처럼
자유를 얻은 환희,
아롱거리는 저 초록

고스란히 드러나는 저 산등의 숨결

숨 섞지 말아야지

21
고요 절대경
얼레에서 벗어난
가오리연 하나

노을밭 꾸미는 적요寂寥를 만나고 있다

22
사랑이라 했는가
말이라도 제대로 전했는가

품이 너른 어미의 마음으로
앞선 이들의 발자국에 남은 숨소리까지
소망처럼 말로 풀어내라고

사색의 늪, 초록을 덧댄
몇 개의 겹층 하늘로
깊어가는 길

5

순례의 끝

골목

골목이 깊은 생각에 빠진 듯 몇 구비를 돌아도
낮아진 그늘에 싸여 끝나지 않은 어제들을 매달고 누워 있다

청명한 봄 하늘도 골목을 맴도는 중이다

대성당 광장·1

몇 번이나 구비 튼 내리막길

백파이프 연주자 곁을 지나
아치 돌문을 지나

광장이 펼쳐졌다

가득 담긴 웃음들이 우르르 몰려와
나도 몰래 두 팔을 벌려

안았다

그도,
나도 처음 본 사이

왼가슴이 시려 돌아보니 대성당이 빛나고 있었다

대성당 광장·2

　무릎 아래에 타이어 튜브를 덧대고 기어가는 사내를 다시 만났다 이젠 노래를 부르지 않는다. 동정의 눈빛도 버리고 이마를 뜨거운 대지에 대고 엎드려 있었다 사람에게서 멀어진 뒤 비로소 만난 뜨거운 대지에 제 몸을 옮기고 있었다 버즘나무 옹이만큼 굵어진 타이어 튜브가 부풀었다 순결한 영혼은 언제나 꽃이 되는 별 하나 있으면 했다 가장 멀리 있는 풍경이 가장 오래 보이는, 다가갈 수 없을 거리 속의 버즘나무, 가장 오래 남을 풍경이 된다 나는 메마른 대지에다 눈물을 심었다

버즘나무

천수천안 부처님,
여긴 무슨 일?

저 석판에다 새긴 마음들은 다 어디로 흩어졌지

무덤이 된 성당을 보다가
입장료로 사는 성당을 보다가
흘러간 물결, 떠내려 가는 물빛 성당 보다가

감히 그대들 가운데 물결을 거슬리는 파도가 있기를 바라진 않겠다
그저 물결을 따라가지 않으려는 마음을 가진 자도 만나 보기 어렵구나*

순례객들이 드리는 조촐한 미사,
버즘나무 손 내민 곳마다 눈은 뜨고 계시네

*「운문록」에서

꿈

바위로 옮겨간 그의 영혼
청동 신발로 다시 솟아났다

그의 영혼은
늘 먼 미래 속으로

꿈만으로 살 수 없지만
꿈 없이는 더 살 수 없는 오늘

격정, 그 물길을 헤치던
시간이 없다면 제대로 된 삶일까

폭풍의 물길을 찾아
눈물에 흘러가는 시인이여

너의 청동 신발은 어디 걷고 있는가

순례 단장·1

길은
가장 오래도록 내 곁에 서서
가장 어둔 그림자마저
말없이 받아주는 넉넉함이 있다

어쩌다
새 짐승마저 찾지 않으면
바람을 불러와
갈대로 엮는 달빛 길을 열고
천지 가득한 고요로
오갈 데 잃은 영혼을 불러
길 밖의 길 열어놓는 넉넉함이 있다

어느날
내 그림자마저 찾지 못할 때
살아보지 못한 세상에 온
나를 위해
길섶에다
남천 붉은 잎을
상장처럼 내걸고 있을 것이다

순례 단장·2

잎을 흔들어 부르는 오래된 노래,

햇살이 흔들리며 물밑 파란만장으로 빛물살이 일렁이는 오래된 숲그늘.

아, 나무도 때론 이렇게

제 몸을 눕혀 고요에 물들고 싶은 때가 있음을

그 고요의 바람을 사람들은 못 보고

구름만이 보고 흉내를 내며

물살 위 바람같이 무늬지고 있었네

순례 단장·3

무시아 가는 길에서 만났네.

산등을 넘어
벼랑을 치는 파도소리와
바람과 안개와 빗살을 넘어
유칼립투스의 스산한 울음을 넘어
신발에 들러붙어 질척대는 퇴비 냄새를 넘어

내 몸에 숨어있던
애증들, 땀으로 밀려나오면서
저려오는 다리의 강직 속에서
이미 멈출 수도 없는 길임을 알면서도
수없이 멈추고 싶은 욕망 속에서
보이지 않는 길보다
눈 앞을 가로막는 숲길의 습한 어둠,
만다라의 미로 속에서

그 사람
엷은 비닐을 쓴 채
지팡이에 의지하여 비틀거리며 걸었네
여리고 자그맣게 늙은, 천천히 웃어주었네.
길 위의 삶이 길 위로 가는 것,
길 위에서 목숨 다하면 당연한 것이라는

그 무한의 간절함을 빗길에 던지며
천천히 우리에게서 멀어졌네.

숲길을 벗어나
갯가의 모래밭을 걸으면서
누구든 항로를 벗어날 수도 있고
낯선 바다 앞에서 난파할 수도 있고
다시 서로의 손을 못 잡을 수도 있다고
길 위에서는 아쉬움을 남기지 말아야 한다고

대지는 어미며, 젖을 품은 길임을
그 사람, 온 몸으로 느린 걸음으로 보여주었네.

순례 단장·4

나는 당신의 이야기를 이 언덕이나 저 산등에 묻어주고 가야겠다

내 의식 속 어느 풀섶에 잠들었다가
몰래 들녘 한 켠에 기억으로 꽃 필까
두려워,
그 꽃은 또한 얼마나
아픈 순례의 몸을 요구할지 몰라

이 바람의 언덕, 용서의 몸짓과 함께
—어디쯤 묻어둘까

빗물, 눈물
─사탄의 형상 앞에서

　아직 살아 있었구나 낡아버린 성당, 첨탑 모서리 굽어보며 수시로 역류성 식도염으로 침을 흘리며 참회한 적 없으면서도 참회처럼 빗물을 눈물인 양 흘리는 그러니 그것은 거대한 위선, 악마는 디테일에 있다는 말을 실천 중이다 한 때의 서슬은 사라지고 물받이 홈통이 되어 끊임없이 제 속을 비워내는, 정화의 물길이 창자를 태우는 고통 부릅뜬 두 눈과 날선 송곳니, 그 사이로 드나드는 악의 편재성을 성실과 평범으로 가장한 지금, 자각증상이 없다 느닷없이 우리의 겨울을 시리게 우리의 사랑을 얼어붙게 만들고 우리를 위한 구국의 심정으로 계엄했노라고 총을 들고, 유리창을 깨고, 우리의 일상을 흔드는 저 사탄 아직 살아 있었구나

등산화

나를 저 별 하나의 세상으로 떠나 보낸다.

얼마나 오래
암흑의 흙을 밟을지는 몰라도
언젠가 노을처럼 닳아버릴 발자국 하나
길 위에 남길 때까지

발바닥으로
몰려왔던 피들이 채송화로 서는 날

나는 어쩌면 한 점 구름으로
떠도는 구절,
이루지 못한 문장
지워지지 않는 아쉬움의 먼지로

다시 신발에 얹혀 붉게 떠돌 때까지

나를 저 광막한 우주 속 별 하나에 떠나 보낸다.

무상하여라
영이라는 기호에서
시작은 어디며 끝은 어디일까

파도 같은 길

한 번쯤 마주쳤을지도 몰라
한 번쯤 눈짓으로 인사했을지도 몰라

지금 저리 눈에 익은
등산화 한 짝이 담벽에 올라앉아

제 먹먹한 가슴을 달래느라
채송화 한 그루 꽃 피우는 심정

아비의 한숨으로 밥 짓던 노물 포구
애꿎은 배를 탓하며 그물을 탓하며

가난을 인고 살던 아비의 신발 한 짝
가득한 자식들을 담고 싶었던 그 온기 한 짝

한 번쯤 마주칠지도 몰라
한 번쯤 눈짓으로 인사할지도 몰라

마주할 길 없는 파도 같은 길 걷는다

설연* 한 그루

신의 뜻대로

아니
단순하게
거기에 닿고 싶었다
열망보다 몸이 먼저 떠나버렸다

길섶에
제 뜨거웠던 발을
담은
등산화 한 짝,
세워두고
오래도록 걷고 싶었으리

등산화 깔창이 거름 되어
온전히 설연 한 그루 피웠다

청동빛 풀잎, 바다를 향해 서 있다

* 연꽃을 닮은 다육이의 한 종류

동백

얼마나 깊은 잠이었을까

제 별 버려두고
지구에 내려와
한 점 동백으로 붉었다

뒷굽이 바깥으로 닳아
바닥이 드러난
신발
한
짝

온기를 되찾으려
풀꽃 여럿 세워 두었다

땅끝에서

Fisterra든
Finisterra든
땅끝으로 가는 길
거기엔

까미노 길의 출발점
0km의 표지가 있지만
거꾸로 보면 더 나아갈 곳이 없는 곳
한 때 짧은 생각에 대륙의 끝이라 여겼다지
하지만 땅끝이야 어디든 흔하지
해남이든 간절곶이든
나의 진외가 노물 마당 끝도 바다인 걸
아니, 내 발걸음 뗄 때
그 순간마다 난 땅끝에서 벗어난다
늘 발 하나는 허공에 두고 걷는 것이지
그 영이란 것이
시작도 끝도 어디도 아님을
무이며 태극이며 일체원융의 공간,
아님 적멸을 이름을 이미 알지만
찾아드는 무리에 이끌려 흘러들어와
낯선 이방의 주막에서
하루를 묵으며 술을 마신다
찬비와 바람이 끊이지 않고

이방의 언어들이 소용돌이처럼 섞이는
이 기묘한 만남 앞

안녕, 안녕, 안녕히

너무 오래 머물면 서로에게
실망의 그늘이 조금씩 깊어질 거야

다시 토굴 속으로 돌아가
묵상의 시간을 회복해야 할 때

어디든 문이라지만
문 하나 열린 곳이 없는
적막강산

아득한 길,
돌아가야 할 때

지금 여기, 뜨거운 볕살이여.
안녕, 안녕, 안녕히

빛살 하나여

순례의 영혼이여, 달아나라

모든 여행은 미리 살펴보는 죽음의 경로들 낯설다고 여겨지지 않으려 두려워하지 않으려 미리 제 마음 속에 내성을 기르는 작업 성찰, 반성, 쾌락, 번뇌가 죽음의 경로에 새겨진 석판에서 우리는 불멸보다 두려운 소멸의 결과를 엿보러 나날이 신을 갈아 신으며 젖은 옷자락 끌며 떠나네 강물과 산과 바다와 하늘이 접질려 어긋난 틈새로 순간이 이어지는 길 마침내 남은 남루의 영혼, 영원이 되길 기원하는 순례, 그 끝자락에 묻은 빗살 하나여 순례, 그 끝자락에 얻은 빛살 하나여

내 몸이여
내 영혼이여
가벼운 내 먼지들이여, 산란하라

|산문|

순례자의 꿈

*

한 편의 시가 길 속으로 스며 들었다. 빗살에 젖어드는 길처럼 낯선 울음소리가 번져 있었다.

*

더는 소용이 닿지 않을 듯한 비유들이 길섶을 장식하고 있었다. 천년을 이어온 저 믿음의 완고한 힘. 줄기가 부러진 뒤에도 껍질로 견디는 칡넝쿨 닮았다.

*

너는 어디 있지 보리밭 둑 하나를 돌아갈 동안 새소리 하나 들리지 않았다. 묵언의 길이 깊어 걸음이 자꾸 느려졌다 산토 도밍고 가는 길이었다.

*

내게는 그대를 부를 이름이 남아 있지 않았다. 무엇으로 이름을 붙이는 순간, 이미 구름처럼 모습을 바꿔, 새로운 이름으로 돌아보길 바라, 내가 그대에게 붙일 이름이 없었다.

*

능선은 그치지 않았다. 눈 앞을 가리지도 않았지만 또한 명료하게 열어놓지도 않았다. 구비를 틀면 비로소 보이는 다음 구비 너머 능선이 이어졌다. 반드시 한 쪽씩 넘겨야 하는 책, 낯선 기호들, 갈피를 접었다가 펼치며 오늘치의 책을 읽는 중이다.

*

달에다 빼곡하게 적어내린 문장들이 녹아내려 마당귀를 적시는 낙엽으로 쏟아졌다. 다시는 그대와 온전한 사랑을 나누지 않을 것이다. 그대는 여전히 여백이 머문 달, 달이 녹아내리듯 녹아버리는 내 심장, 말이 없는 암흑 속을 걸으라네.

*

오래된 꿈 하나 지고 걸었다. 편지 속 남은 온기가 이미 옅어져 다시 되살릴 수 없다 간직하는 것만으로 위로 삼을 사랑의 글, 그런 것이 있었을까. 문득 꺼내들면 거뭇한 숯으로 바스라진다.

*

걷기 위한 기본은 땅을 박차는 일이다. 물밑에 닿아야 차고 오를 수 있듯이. 그래야 숨 쉴 수 있듯이 몰아둔 숨을 터뜨리며 박차는 일이다. 높고 높은 피레네 언더이다.

*

쉬운 결론이 아니라 알 수 없는 결론이라도 쉽게 내리고 진위는 따지지 않는 쉬운 사내 하나와 어떤 일에도 결론을 진술하지 않는 사내가 수다가 없는 말의 굴곡이 오르내림이 아름답다고 믿는 사내가 생각하는 길은 서로 다르지만 같은 길을 걷는다.

*

발가락 끝끝마다 활시위가 당겨지는 듯 팽팽하다. 솜털 바람 한 점에도 터질 듯 당겨진 화살 끝 운명처럼 펄럭이는 심장 마침내 꿰뚫려 피 흘릴 심장이 보였다. 우울이여 쏘아진 화살의 빠른 후회여 과녁에서 떨어야 하는 거부와 부정의 몸짓이여. 그러나 적중된 심장에 꽂힌 붉음이여…

*

하나의 나무에 수백의 화살 가지가 벋고 수천의 열매 맺듯이 당신의 웃음 하나에 수천의 인연이 얽어지고 수만의 사랑이 얽어진 몸을 덮은 하늘. 당신 초라하오. 몸이야 가려 지나 마음은 가릴 수 없다 빈짝이는 비닐하우스 천정. 가리지 못한 볕이 미끌거리는 오후. 헤라클레스가 거대한 활로 허공을 겨누고 하늘과 투쟁중인 그 팔뚝의 경련. 근육이 펼치는 포도밭.

*

내게 왔던 사랑도 제대로 지켜내지 못하면서 자주 길섶을 걷는 것은 내 부실한 성찰인지도 모른다.

*

나는 잠시 내게 온전한 몫으로 주어진 시, 그 완전한 문장들이 전개하며 일구는 세상을 보았다. 그 시에 가득하고 몽글거리는 비단 같은 산등을 보았다.

*

땅이 녹으면서 뿌리가 들떠 바들거리는 풀, 답청의 계절이구나. 수모와 고난을 잊은 영혼에게도 답청의 계절이 왔다. 걷자. 지긋이 밟는다.

*

풀 수 없는 문제를 신비의 땅에다 뿌려두면 담쟁이덩굴처럼 번져나가 마침내 일상마저 신비의 색채로 물든 듯 착각에 빠질 수 있다. 너는 아니? 죽은 자들이 모인 자리, 무슨 빛으로 꽃이 피는지, 시는 뭐지?

*

비극은 마음의 심연에서 볕살을 찾아 벌을 헤짚는 연꽃처럼 아름답게, 그러나 가혹한 투쟁 속에 온다.

*

순례길에서 희망이란 소박하다. 희망이라 미래의 현재화, 가능한 일을 이루기 위한 바람, 그러니까 순례길은 오늘 하루, 목적지까지 어려움 없이 걷는 일이다. 단순해진다. 일과만큼이다. 걷고 먹고 마시고 걷는 일, 끝나면 잔다. 책이란 코골이를 견디는 인내력, 말이 통하지 않는 공간에서 고독한 하루를 견디는 것. 고독을 즐기지 않으면 희망을 잃은 것과 같다. 그러니 희망이란 단순하다. 때론 그 단순함이 뜻한 바-사실 단순하다. 무사히 산티아고에 닿는 것이니까-를 이루는 원동력이 된다. 그것이 끝이라면 너무 허무하지 않을까?

*

길을 벗어나고 싶었다. 그러나 길을 벗어난 생각은 없었다. 그러니 길에서 한발짝도 벗어나지 못한 채 돌아왔다. 생각을 벗어나고 싶어 떠난 길이 생각만 가득 던져놓았다. 너무 많은 생각은 아무 생각도 하지 않은 것과 같다. 그 소용돌이 속 여름이 왔다.

*

폰페라다 가는 내리막길, 느닷없이 터지는 앰뷸런스의 요란한 울음, 실패를 아름다운 도전이라 할 수 있을까. 도전은 아름답지만 실패는 아프다.

*

신神과 신履은 닮았다. 상상이 곧잘 바닥을 드러내도 이 둘은 쉽게 바닥을 드러내지 않았다.

만인別선 03

초록 묵상길

초판 인쇄 2025년 3월 5일　**초판 발행** 2025년 3월 10일
지은이 방종현　**기획·디자인** 박진형　**편집** 박소영
펴낸 곳 만인사　**펴낸이** 박진환
주소 41960 대구광역시 중구 명륜로 116
전화 (053)422-0550　**팩스** (053)426-9543
전자우편 maninsa@hanmail.net
홈페이지 www.maninsa.co.kr
출판등록 1996년 4월 20일 제03-01-306호

ISBN 978-89-6349-194-3　03810

ⓒ 방종헌, 2025
* 이 책의 내용의 전부나 일부를 사용하려면 반드시 저작권자나
  만인사 양측의 동의를 받아야 합니다.

값 15,000원

Campo de Francia

Ponferrada
Somiedo del
Astorga
San Martín del Camino
León
Mansilla de las Mulas
Fontanillas del Real Camino
Fontanillas de Castañeda
Carrión de los Condes